T0081503

Produced and designed by Allan Sanford for MPL Communications, Inc.

Photoduplication or copying of the photographs, text, music, lyrics or anything herein contained is prohibited.

All songs contained herein are used by permission of the copyright owners.

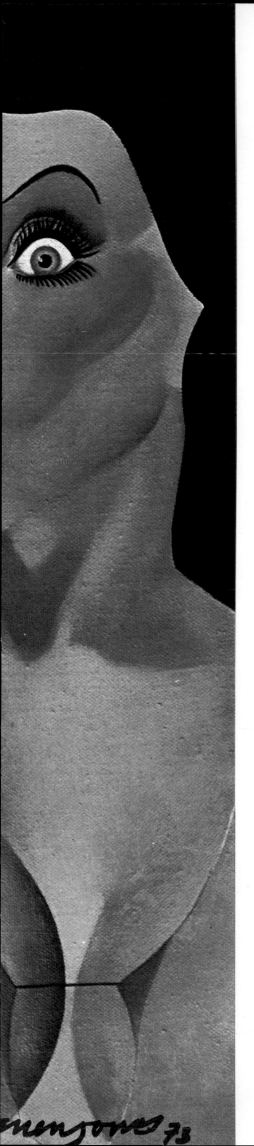

BIG BARN RED
WORDS AND MUSIC BY McCARTNEY

Moderately

2946

will it be my friend?_____ Keep on___

sleep - ing in a big barn bed. Keep on___

sleep - ing in a big barn bed. Keep on___

bed.   And I'm   not,   yeah,_____ and I'm   not,

2946

Cm7 (F bass)   F

And I'm not,   yeah, _____ and I'm not.

F

Who you gon-na weep on, Who you gon-na sleep on,

Who you gon-na creep on next?   Weep-ing on the wil-low,

D.S. and fade

Sleep-ing on a pil-low, Leap-ing ar-ma-dil-lo, yes.   Keep on _____

COUNTRY DREAMER
WORDS AND MUSIC BY McCARTNEY

Moderately Bright

I'd like to walk in a field with — you, —
I'd like to stand in a stream with — you, —

take my hat and my boots off too.
roll my trou-sers up— and not feel blue.

I'd like to lie in a field with you. —
I'd like to wash in a stream with you. —

2946

Would you like to do it too, May?
Would you like to do it

Would you like to do it too?

too?

You and I, coun - try

dream - er, when there's noth - ing else to

do; _____ Me oh my, coun - try

dream - er, _____ make __ a coun - try dream come

true. _____

I'd like to climb up a
I'd like to climb up a

hill with __ you, ___ stand on top and ad -
hill with __ you, ___ take my hat and my

GET ON THE RIGHT THING

WORDS AND MUSIC BY McCARTNEY

2946

HANDS OF LOVE

WORDS AND MUSIC BY McCARTNEY

saw you last night ___ I knew for the first ___ time that you were the one ___ I'd been

dream-ing of. ___ I can't get o-ver my-self ___ fall-ing in-to the hands ___ of love, ___

Fall-ing in-to the hands ___ of love.

love, Love, sweet love. ___

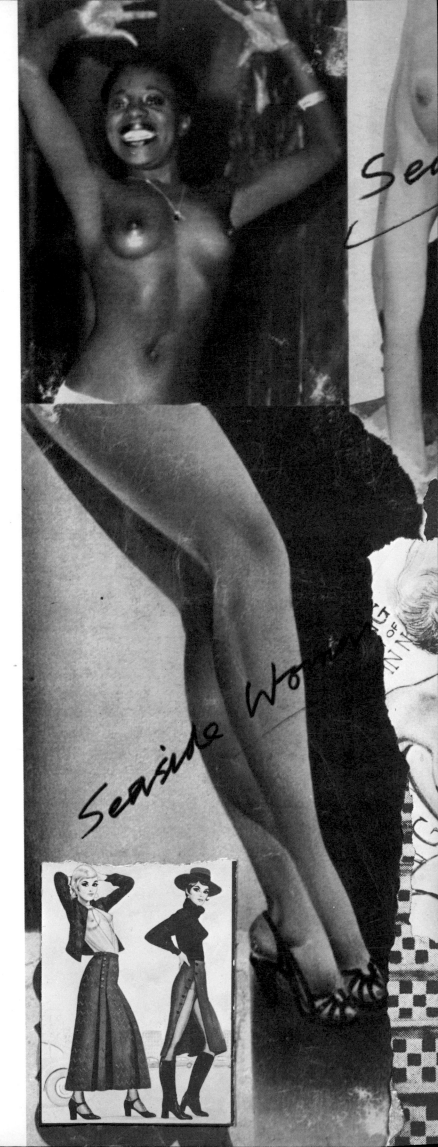

Seaside Woman

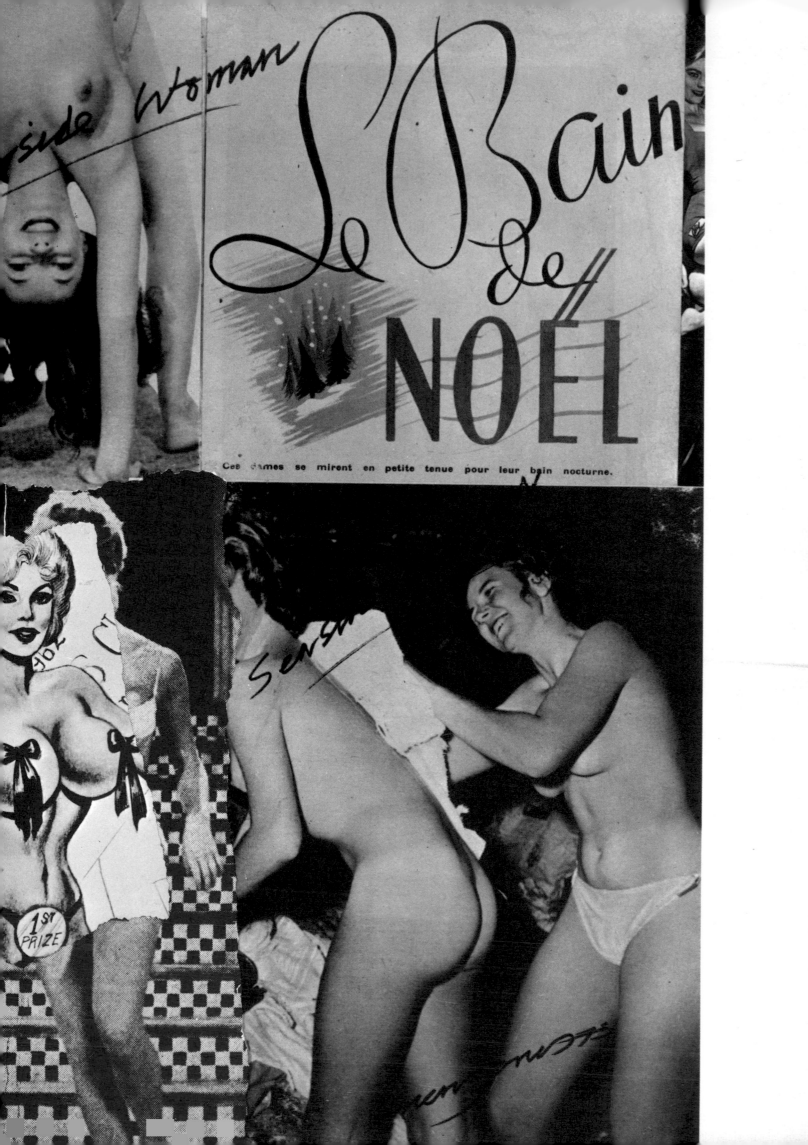

Le Bain de NOEL

Ces dames se mirent en petite tenue pour leur bain nocturne.

1st PRIZE

HOLD ME TIGHT
WORDS AND MUSIC BY McCARTNEY

Moderate 4

1. I've wait - ed all my
2. You won't_ be go - ing
3. *(INSTRUMENTAL)* - - - - -

life for you,__ hold me tight,__ Take care__ of me and
out to-night,__ can - dle - light,__ Make love__ to me and

I'll be right.__ Hold me tight,__ hold me_ tight.__
make it right.__

LAZY DYNAMITE
WORDS AND MUSIC BY McCARTNEY

Moderately Slow

Oh la-zy dy-na-mite,__ Oh la-zy dy-na-mi-ite,

Oh la-zy dy-na-mite,__ Oh la-zy dy-na-mi-i-ite.__

To Coda

1. Won't you come out to-night when the time is right,__

2. (INSTRUMENTAL) -

2946

Or will you __ fight __ } that feel - ing in your heart? __ Don't you
Oh, why do you __ fight __ }

know that in-side there's a love you can't hide, __ So why do you fight __

that feel - ing in your heart? __

Coda

LITTLE LAMB DRAGONFLY
WORDS AND MUSIC BY McCARTNEY

I have no an-swer for you, lit-tle lamb;__ I can help you out,__

But I can-not help you in.

Some-times you think that life is hard,

And this is on-ly one of them.

2946

My heart is break-ing for you, lit-tle lamb,___ I can help you out,___
My heart is ach-ing for you, lit-tle lamb,___ I can help you out,___

But we may nev-er meet a-gain.
But I can't help___ you___ in.

La ___ la la la ___ la la la ___ La la la la ___ la la ___

___ la. La la la ___ la la la ___ la la la ___ La la la la ___ la la ___

Last time fade - - - - - - - - - -

more.
wrong?

Since you've gone I nev - er know, — I go on, —

I miss — you so. —

In my heart — I feel — the pain, —

Keeps com - ing back — a - gain. —

Drag - on - fly, ___ fly by my win-

dow, ___ You and I ___

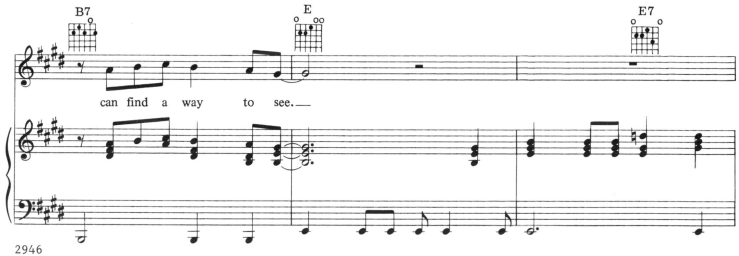

can find a way to see. ___

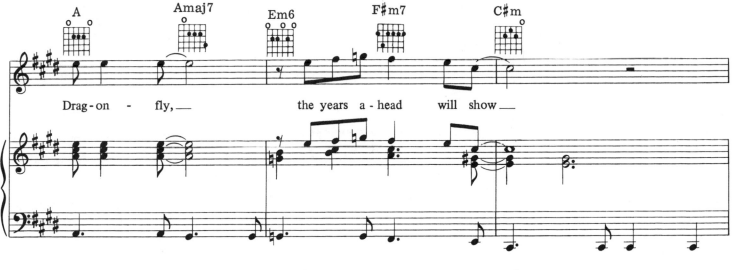

Drag-on - fly,— the years a-head will show—

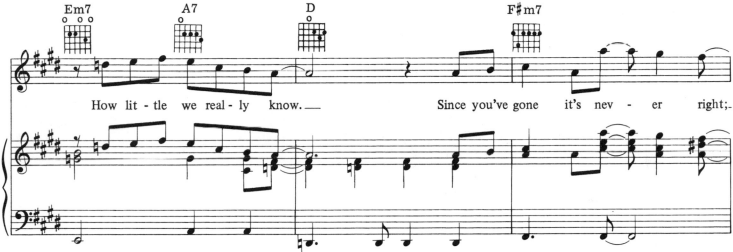

How lit - tle we real - ly know.— Since you've gone it's nev - er right;—

— They go on,— the lone - ly nights.— Come on home—

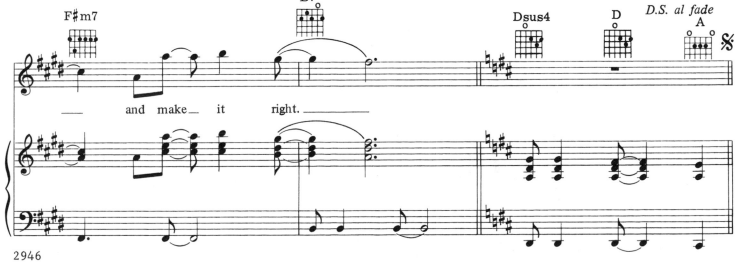

D.S. al fade

— and make— it right.—

LOUP
(1st Indian On The Moon)

WORDS AND MUSIC BY McCARTNEY

Moderate 4

Ah   ah ah,   ah ah ah ah ah ah ah ah.

Ah   ah ah   ah ah ah ah ah ah ah ah.

Ah   ah ah   ah ah ah ah ah ah ah ah.

2946

MY LOVE
WORDS AND MUSIC BY McCARTNEY

And when I go a-way__ I know my heart can stay__ with my
And when the cup-board's bare__ I'll still find some-thing there__ with my
Don't ev-er ask me why__ I nev-er say good-bye__ to my

love It's un-der-stood__ It's in the hands__ of my love,__
love It's un-der-stood__ It's ev-'ry-where__with my love,__
love It's un-der-stood__ It's ev-'ry-where__with my love,__ } And

My love does it good, Wo - wo wo - wo, wo - wo

2946

THE MESS

WORDS AND MUSIC BY McCARTNEY

Moderate Two

You sailed a-way one night in June,— I heard you say you would be back soon.— But since that day it's been one— long load,————— Oh, sweet dar-ling the mess I'm in.—

2946

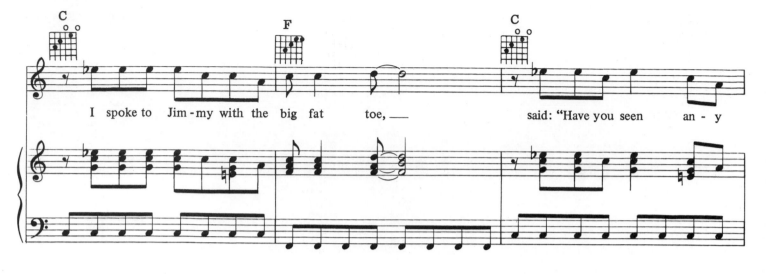

I spoke to Jim-my with the big fat toe, — said: "Have you seen an - y

sign of you?" — He looked at me and then laughed _ at you, —

She looked this way a - gain, sweet dar - ling, what a mess I'm in. —

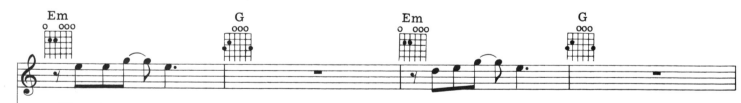

When I want _ you do I get _ you?

All I need — is   your — love. —

Will you give — me   your love, — your love. —

Oh,   sweet dar - ling, ———   Oh,   sweet dar - ling. ———

Oh,   sweet dar - ling,   what a mess I'm in. ——   What a mess I'm

in.   What a mess I'm in.   Oh yeah.

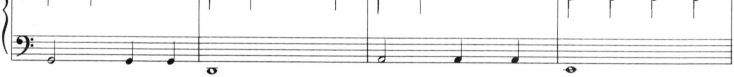

Oh,   oh   oh, oh wo wo.

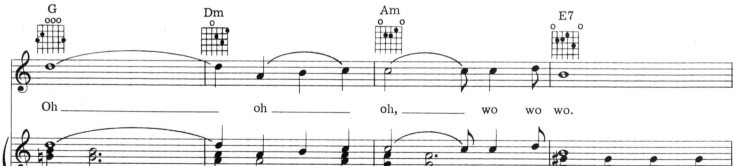

Oh   oh   oh, wo wo wo.

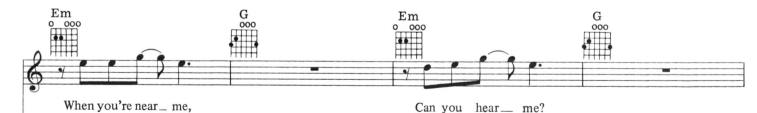

When you're near me,   Can you hear me?

I can't see— you,
I can feel— you.

When you're near— me,
Can you— hear me?

ONLY ONE MORE KISS

WORDS AND MUSIC BY McCARTNEY

2946

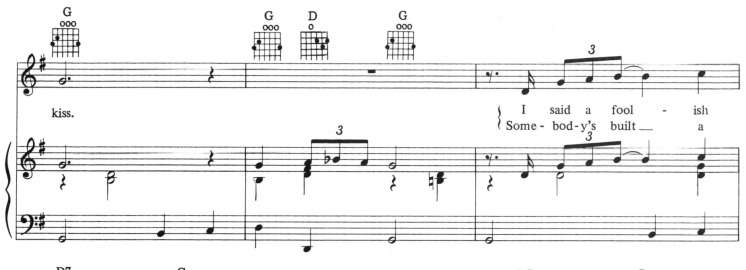

kiss.

I said a fool - ish
Some - bod-y's built ___ a

thing last night.
home for us.

I did - n't think ___ you'd take it bad,
Some - day we'll see ___ it stand - ing there,

But now I'm on my way ___ a - gain, ___
But like the wind my that has ___ to blow, ___

and just be - fore I go, ___
I must be on my way, ___

On - ly one more

2946

kiss,

I nev - er mean __ to hurt you, lit - tle girl.

Let's make it one to re - mem - ber, __

On - ly one more

1. kiss.

On - ly one more kiss

2. With on - ly one more kiss,

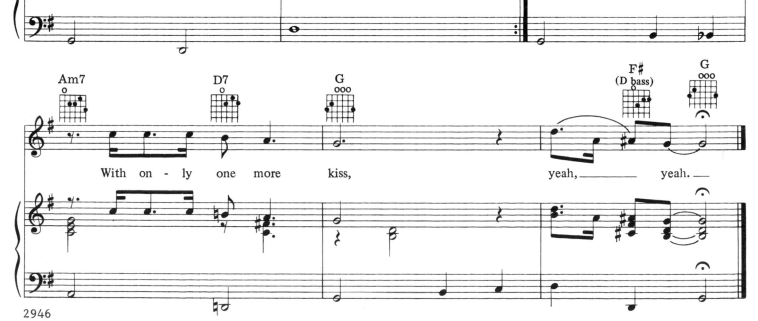

With on - ly one more kiss,

yeah, _____ yeah. __

WHEN THE NIGHT

WORDS AND MUSIC BY McCARTNEY

2946

make me a hap-py fel-low, (fel - low,__ fel - low,)__ And the light__

(INSTRUMENTAL)- -

__ (and the light__) of the night__ (of the night) fell on me.__ (fell on me.__)

(INSTRUMENTAL)- -

I nev-er will__ for-get__ the night I held you close,__ I held you tight, Oh
I nev-er will__ for-get__ the way you taught me how__ to swing and sway, Oh

dar - ling, don't you know
dar - ling, don't you know

That when you made__ my sens - es reel I
That ev - er since__ that spe - cial day my

POWER CUT

WORDS AND MUSIC BY McCARTNEY

Moderately

1. There may be a pow- er cut and the can- dles burn down low, ___
2. *(INSTRUMENTAL)* -

But some- thing in- side ___ of me says the bad news is- n't so. ___
(INSTRUMENTAL) -

I may nev- er tell ___ you but ba- by you should ___ know ___

Copyright © 1973 by Paul and Linda McCartney
Administered by MPL COMMUNICATIONS, INC. by arrangement with ATV MUSIC CORP.
International Copyright Secured / Made in U.S.A. / All Rights Reserved

2946

There may be a mir - a - cle   and ba-by I   love   you so,

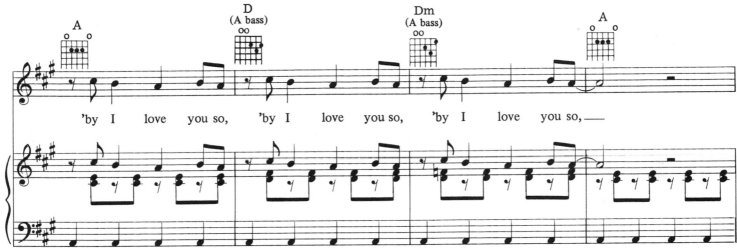

'by I   love   you so,   'by I   love   you so,   'by I   love   you so, ___

Ba - by I   love   you so,   'by I   love   you so,   'by I   love   you so. ___

Repeat and fade

Ba - by I   love   you so,   'by I   love   you so,   'by I   love   you so. ___

SINGLE PIGEON
WORDS AND MUSIC BY McCARTNEY

Sin - gle pi - geon through the rail - ing, Did she throw_ you out?_

(Last time instrumental) -

Sun - day morn - ing fight ____ a - bout Sat - ur - day night._

1.
To next strain

2.
Fine
rit.

2946

1. Sin-gle sea-gull glid-ing o-ver Re-gent's Park ca-nal,
2. (INSTRUMENTAL) -

Do you need a pal ___ for a min-ute or two? ___ You do? ___
Did she turf you out ___ in the cold ___ morn-ing rain ___ a-gain? ___

Me, too. ___

___ (Me, too. ___ Me, too.) ___ I'm a lot like you. _____ Me, too.-

___ (Me, too. ___ Me, too.) ___ I'm a lot like you. _____

D.C. al Fine